Safar सफर

Ek Zariya

Varun Rathod

BookLeaf Publishing
India | USA | UK

Made with ❤ on the BookLeaf Publishing Platform
www.bookleafpub.in
www.bookleafpub.com

Dedication

कालाय तस्मै नमः ॥

Ye safar un sab dosto ke naam
jo apne andar kahaniyan lekar chal rahe hain.

Jo darr, mazaak aur perfection ke bojh se apne shabdon
ko kaid kar dete hain,

Ye safar unhe yaad dilane ke liye hai -
ki likhna hi khud ko azaad karna hai.

Preface

Ye safar hai street light ke neeche chalte hue bus pakadne ka,
Ye safar hai zindagi ke adal-badal hone ka,
Ye safar hai settlement ki sacchai samajhne ka,
Ye safar hai kuch mehsoos karne ka,
Ye safar hai naye logon se milne ka,
Ye safar hai dharma ko nibhane ka,

Ye safar hai madad aur na madad karne wale logon ka,
Ye safar hai sangharsh ka,
Ye safar hai andar ki aag ka,
Ye safar hai pinjre ki chaabi ka,
Ye safar hai azaadi ka,
Ye safar hai roshni ko dhoondhne ka,

Aur ye safar hai khud se milkar apna maqsad jaanne ka.

"Iss safar ko dheere dheere, achhe se mehsoos karte hue padhiye, jaise ek chai ya dheemi aag mein tayaar ki gayi bhojan ki khushboo ko mehsoos karte hain."

Acknowledgements

Main sabse pehle apne parents, Dr. Govind Rathod aur Bharati Rathod ka dil se aabhar vyakt karta hoon. Unke lagataar pyaar, samarthan aur protsahan hi meri sabse badi taakat rahi hai.

Main Abdulrehaman B, Deepak Rathod aur Vilas H L ka bhi hriday se aabhari hoon, jinhone apne mahatvapurn sujhav aur margdarshan ke madhyam se mujhe behtar banne mein madad ki.

Aap sabke vishwas, aashirvaad aur nirantar samarthan ke bina yeh pustak sambhav nahi hota. Aap sabne mere ek saral vichaar ko vastavikta mein badalne mein mahatvapurn bhoomika nibhayi hai.

Sabhi ko mera hriday se dhanyavaad.

1. Safar Mehsoos Hone Ki Talaash Ka

Safar ke dauran mobile screen par penguin aur bandar ki kahani dekh raha tha. Unki takleef par sabka dil pighal raha tha aur mere andar ek naya sawaal janam le raha tha.

Koi mehsoos kar raha hai
ek penguin ki takleef ko
jo door kahin hai.

Koi mehsoos kar raha hai
ek bandar ki takleef ko
jo door kahin hai.

Maine socha,
kyun koi mere baare mein aisa mehsoos nahi kar raha?
Main toh paas mein hoon.

Maine socha,
kyun koi mere baare mein aisa mehsoos nahi kar raha?
Main toh paas mein hoon.

Phir mujhe laga,

Shayad mujhe bhi door wahi jagah jaana padega,
jahan penguin aur bandar hain.

Taaki log mujhe bhi mehsoos karein,
aur mere hone ka moolya
kabhi toh jaan sakein.

Chintan

Paas jo hai, uska koi moolya nahi;
Jo door hai, wahi anmol hai.
Kya yahi hai zindagi?
Kya yahi hai zindagi?

2. Safar Khud Se Behtar Hone Tak

Safar ke dauran mobile par health se judi ek chhoti si reel dekh raha tha, jahan cholesterol ke do roop samjhaye ja rahe the. Log usse sirf beemari se jod rahe the, aur mere andar tulnaon ko lekar ek alag hi soch janam lene laga.

Main bahut uljha hua insaan tha,
har baar apne aap ko dusron se tulna karta tha.

Jab bhi dusron se tulna ki, khushi kam aur nirasha zyada mili.

Aur main dheere-dheere
khud ko kamzor mehsoos karta gaya.

Main pareshan hua
aur socha, main kya karun?

Main pareshan hua
aur phir wahi socha, main kya karun?

Phir ek din achanak,

Maine khud ko
apne kal wale roop se tulna ki.

Aur achanak hi
main khud ko bahut khush paya
aur andar se halka mehsoos kiya.

Maine socha, yeh kaise?

Bahut sochne ke baad mujhe samajh aaya ki tulna
cholesterol jaisi hoti hai.

Ek hota hai jo naso ko band karta hai,
aur ek hota hai jo sehat ko bachata hai.

Ek humein kamzor mehsoos karata hai,
aur ek humein shaktishali banata hai.

Chintan

Tulna cholesterol jaisi hoti hai jo do roop lekar aati hai. Khud se tulna growth aur confidence badhati hai, bilkul Good Cholesterol ki tarah. Dusron se tulna mann ki shanti chheen leti hai, jaise Bad Cholesterol dheere-dheere jam jaata hai. Ab faisla humein hi karna hai ki humein kaunsa roop apnana hai?

3. Safar Settlement Ki

Safar ke dauran mere paas baitha ek aadmi mujhse zindagi ke baare mein baat kar raha tha. Uski baaton mein baar-baar "settle ho jao" shabd goonja raha tha, aur mere andar ek naya sawaal janam le raha tha.

Ek vivaahit aadmi ne kaha,
waqt ho gaya hai, koi naukri dhoondh kar settle ho jao jaldi.

Ek vivaahit aadmi ne kaha,
waqt ho gaya hai, koi naukri dhoondh kar settle ho jao jaldi.

Maine socha, kya mujhe ab settle ho jana chahiye?
Maine bahut socha, kya mujhe ab settle ho jana chahiye?

Phir door se ek bachche wale aadmi ko isi vivaahit aadmi se kehte hue suna.
Phir door se ek bachche wale aadmi ko isi vivaahit aadmi se kehte hue suna.

Ki waqt ho gaya hai,
Koi Bachcha Karke Settle ho jao jaldi.

Chintan

Zindagi ke sirf ek stop nahi hota jahan aap settle ho jao. Har naye stop par pahunchne ke baad, ek aur stop par jaane ka pressure bana diya jaata hai. Toh us agle stop tak pahunchne ke chakkar mein apna aaj mat kharaab karo. Ye zindagi hai, koi race nahi. Ab faisla humein hi karna hai, humein race jeetni hai ya zindagi jeeni hai?

4. Safar Aaj Ke Raste Par

Safar ke dauran mobile screen par purani photos scroll kar raha tha, jahan kal ke lamhe baar-baar saamne aa rahe the. Sab kuch peeche chhoot chuka tha, aur mere andar waqt ko lekar ek naya sawaal janam le raha tha.

Waqt chal raha tha
aaj ke raste par,
aur main chal raha tha
kal ke raste par.

Waqt chal raha tha
aaj ke raste par,
aur main atka hua tha
kal ke raste par.

Maine socha -
kya main waqt se madad maangu aur kahun,
"Waqt, peeche jao aur sab kuch theek kar do?"

Maine phir socha -
kya main waqt se madad maangu aur kahun,
"Waqt, peeche jao aur sab kuch theek kar do?"

Phir pata nahi, achanak se
mera dimaag ruk gaya aur mera vichaar ulajh gaya.
Maine socha, aisa kyun?

Phir mujhe yaad aaya ki
waqt koi ghadi ki sui nahi hai
jise main aage–peeche kar sakta hoon.

Waqt koi ghadi ka samay nahi hai
jise main apne hisaab se badal doon.

Chintan

Waqt aur zindagi ghadi nahi hain jinhe aap apne hisaab se adjust kar sakein. Aaj ke raste par chalna seekho, aur samay ko apna kam karne do kyunki, samay ko bhi Happy endings pasand hai. Ab faisla humein hi karna hai, humein kal ke peeche bhaagna hai ya aaj ke raste par chalna hai?

5. Safar Tooti Hui Dor Ki Talaash Ka

Safar ke dauran mobile par purani chats scroll kar raha tha, jahan kuch baatein ab sirf yaadon mein reh gayi thi. Un khaali messages ko dekhte hue mere andar ek tooti hui dor ki talaash shuru ho gayi.

Ek rishta tha
jo achanak se toot gaya.

Ek rishta tha
jo achanak se toot gaya.

Mujhe nirasha hui, aur main use jodne ki koshish mein lag gaya.

Bahut dhoonda,
par woh jodne wali dor nahi mili,
woh bandhne wala dhaga nahi mila.

Maine socha, aisa kyun?
Maine socha, aisa kyun?

Phir mujhe samajh aaya,

Asal mein jis dor ki talaash main kar raha tha, woh thi hi nahi.
Aur jo hai hi nahi, use kaise main baandha sakta hu? Jo tha hi nahi, use kaise main joda sakta hu?

Chintan

Jo connection sach mein hota hai, woh tootne ke baad bhi kahin na kahin mil jaata hai aur dobara jud sakta hai. Lekin jo kabhi tha hi nahi, use joda nahi ja sakta kyunki jo maujood hi nahi, use baandhna mumkin nahi hota. Ab faisla humein hi karna hai, humein sach ko sweekar karna hai ya nirash hokar jeena hai?

6. Safar Perfection Ki Khoj Ka

Safar ke dauran, main kuch logon ko dekh raha tha jo apni baaton aur harkaton mein sab kuch perfect dikhane ki koshish kar rahe the. Aur usi samay mere andar ek nayi soch janam lene laga.

Kuch likhne ki koshish kar raha tha
Par dimag mein perfection ki khoj chal raha tha
Kuch likhne ki koshish kar raha tha
Par dimag mein perfection ki khoj chal raha tha.

Bahut vichaar aaya,
lekin maine kuch likha nahi,
kyunki woh perfect nahi tha.

Bahut vichaar aaya,
lekin maine kuch likha nahi,
kyunki woh perfect nahi tha.

Shayad main galtiyon se dar raha tha.

Phir main pareshan hua
aur perfection ki khoj chhod di.

Phir main bahut pareshan hua
aur perfection ki khoj chhod di.

Phir achanak se mera dimag khula aur shabdon ka sailaab beh gaya,
Aur ek itihaas rach gaya.

Chintan

Perfection ki talash aksar hamari rachna wo ko rok deti hai. Jab hum galtiyon ka darr aur perfection ki khoj chhod dete hain, tabhi asli itihaas likhna shuru hota hai. Ab faisla humein hi karna hai - kya hum perfect dikhne ki chinta me khud ko rok lenge, ya apni rachna aur zindagi jeeyenge?

7. Safar Khud Ko Chun'ne Ka

Safar ke dauran mere ek dost ki yaad aa gayi. Uska likhne ka safar yaad aate hi mere andar ek nayi soch janam lene lagi.

Do log the ek saath,
likhne ke safar mein.
Apne-apne raste se
shuru kiya.

Do log the ek saath,
likhne ke safar mein.
Apne-apne raste se
shuru kiya.

Dono ne khoob likha.
Dono ne khoob likha.

Phir achanak se ek mod aaya.

Ek ne Perfection ka rasta chun liya,
aur ek ne Nirantarata ka rasta.

Phir kuch samay baad dekha,
toh ek ne likhna hi band kar diya tha,

Aur ek ne kitaab likh di thi.
Maine socha, aisa kyu?

Phir bahut samay baad mujhe samajh aaya ki
Ek ne apni tasveer bachayi,
aur ek ne apne aap ko.

Ek ne dusron ko chuna,
aur ek ne apne aap ko.

Chintan

Safar likhne ka ho ya zindagi ka, har mod par do raste milte hain. Ek rasta Perfection ka hota hai, jahan insaan shuru karne se pehle hi ruk jaata hai. Aur ek rasta nirantarata ka hota hai, jahan chhote kadam bhi dheere-dheere kitaab ban jaate hain. Ab faisla humein hi karna hai ki - humein perfection ka intezar karna hai ya nirantarata se chalte rehna hai?

8. Safar Mazaak Se Manzil Tak

Safar ke dauran mujhe woh pal yaad aaya jab maine likhna shuru kiya tha. Tab logon ka mazaak aur unki baatein aksar dil ko chubh jaati thi. Usi ko lekar mann main ek soch janam lene laga.

Jab maine likhna shuru kiya,
tab bahut saare logon ne
mera mazaak udaya
aur criticize kiya.

Mujhe bahut waqt tak bura laga
ki log aise kyun karte hain.
Mujhe bahut waqt tak bura laga
ki log aise kyun karte hain.

Main nirash hui aur mera dil toot gaya

Phir usi toote hue dil ko lekar
maine bahut saari aur kavitayen likhi.

Aur jab maine un kavitao ko phirse dekha tho main aashcharya hui,

Aur sochane laga yeh kaise?

Phir bahut samay baad mujhe ehsaas hua
ki yeh mazaak aur yeh criticism hi meri jeet ke vaahan ka fuel tha,
Jo dheere-dheere mujhe
meri manzil tak pahunchata gaya.

Chintan

Criticism aur logon ka mazaak hamari jeet ke vaahan ke liye sabse behtareen fuel hota hai, aur wahi humein hamari manzil tak pahunchata hai. Ab faisla humein hi karna hai ki, humein rukna hai ya unhi baaton ko apni manzil ka fuel banana hai.

9. Safar Teen Lainon Se Itihaas Tak

Safar ke dauran mujhe un logon ki yaad aayi jinhone bina shor ke meri zindagi mein pravesh kiya. Aur meri safar ko aasan bana diya.

Teen lainon se shuru hui meri kahani.
Laga jaise kuch naya prarambh ho raha hai.

Phir achanak,
logon ne uska mazaak banana shuru kiya.

Tab laga ye sirf shuruaat nahi,
ek yudh ka prarambh hai.

Main ruka nahi.
Maine aur likha,
aur log mujhe aur zyada demotivate karne lage.

Ye yudh kathin lag raha tha.

Maine socha,
shayad mujhe ab likhna chodh dena chahiye.

Maine upar dekha,
haarte hue.
Maine phir upar dekha,
haarte hue.

Phir achanak,
kuch acche logon ka meri zindagi mein pravesh hua.

Aur wahi yudh,
jo kathin lag raha tha,
aasan lagne laga.

Phir baad mein jo hua,
wo itihaas tha.
Aur ye acche log meri likhne ka syahi bane aur meri jeet
ke kaaran

Chintan

Zindagi ke yudh mein sirf himmat hi nahi, sahi logon ke saath ki bhi zaroorat hoti hai. Aur Bhagwan sahi samay par unhe aapki zindagi mein bhejte rehte hain. Bas aap sabr rakhiye. Ab faisla humein hi karna hai, humein rukna hai ya ladte rehna hai.

10. Safar Andar Ki Aag Ka

Safar ke dauran main ek jalti hui aag ko dekh raha tha. Use dekhkar mujhe apne andar ki us aag ki yaad aa gayi jo kabhi-kabhi mujhe chup baithne nahi deti thi.

Safar tha mushkil,
aur main thak gaya.

Safar tha mushkil,
aur main thak gaya.

Logon ne kaha
chhod do, tumse nahi hoga.
Logon ne kaha
chhod do, tumse nahi hoga.

Maine socha
kya log sahi keh rahe hain?

Maine bahut socha
kya yeh log sahi hain?

Phir bahut sochne ke baad
achanak mann ke andar ek josh sa paida hui,

Aur Andar se ek aag ki awaaz gunj uthi
"Ek baar aur."
"Ek baar aur."

Chintan

Tumhare andar hamesha woh aag honi chahiye kuch haasil karne ka. Chahe tum kai baar fail ho jao usse paane ki koshish mein, lekin ek baat hamesha yaad rakhna, wahi aag tumhe success ke raaste tak le jaane ki taaqat rakhti hai. Ab faisla humein hi karna hai, humein us aag ko bujhne dena hai ya uski baat ko mehsoos karna hai.

11. Safar Atmavishvas Ka

Safar ke dauran main kuch logon ka atmavishvas dekh raha tha. Use dekhkar mere andar ek sawal uthne laga - mera atmavishvas kab badhega?

Logon ka atmavishvas dekha,
aur khud se sawal karne laga
mera atmavishvas kab badhega?

Khoob socha,
khoob dauda.

Phir thak gaya.

Phir upar dekha
aur sawal poocha
kaun mujhe mera atmavishvas dilayega?

Phir upar dekha
aur phir wahi sawal poocha
kaun mujhe mera atmavishvas dilayega?

Tab andar se ek awaaz aaya
"Sirf main aur Sirf main".

Chintan

Khud ko un cheezon ko karte hue kalpana karo, jo tum hamesha se karna chahte the aur jo tum banna chahte ho. Yahi kalpana tumhari andar atmavishvas ko badatha hai, aur wahi kalpana ek din hamari sachchai bhi ban sakta hai.

12. Safar Pinjre Se Azaadi Tak

Safar ke dauran logon ko office pahunchne ki jaldi mein tezi se bhaagte hue dekha. Unhe dekh kar mere mann mein zindagi ki iss bhaag-daud ko lekar ek naya sawaal janam le raha tha.

Daud raha tha
ek chuhe ki race mein
Jahan manzil ka kuch pata nahi tha.

Daud raha tha
ek chuhe ki race mein
Jahan manzil ka kuch pata nahi tha.

Khoob prayas kiye,
khoob mann lagaya,
par phir bhi aage nahi badh paya.

Phir laga, yeh meri bas ki baat nahi hai;
mujhe kisi aur bhaag mein jaana chahiye.

Phir laga, yeh meri bas ki baat nahi hai;
mujhe kisi aur bhaag mein jaana chahiye.

Par jab gaya us doosri race mein,
toh paya wahan par bhi wahi haal tha.

Phir maine socha,
ab main kya karu?
Phir maine socha,
ab main kya karu?

Phir andar se ek jawab aaya:
"Mann ko pinjre se azaad karo."
"Mann ko pinjre se azaad karo."

Chintan

Agar jo aap kar rahe hain, woh aapko sirf ek race jaisa lag raha hai, toh shayad aap apne mann ki baat nahi sun rahe hain. Kyunki aapne use pinjre mein kaid kar rakha hai. Mann ko pinjre se azaad karo, phir dekho-zindagi race nahi, azaadi lagegi. Ab faisla humein hi karna hai, humein chuhe ki race mein daudna hai ya mann ko pinjre se azaadi karna hai?

13. Safar Pinjre Ki Chaabi Ka

Safar ke dauran mere ek friend ki shaadi mein ek dost ko dekha, jo kabhi meri tarah likha karta tha. Use dekhkar mere mann mein ek naya sawaal janam lene laga.

Dekha maine
apne ek dost ko
jo meri tarah likhta tha.

Dekha maine
apne ek dost ko
jo meri tarah likhta tha.

Woh likhna chahta hai,
par likh nahi paa raha hai.

Shayad koi cheez hai
jo use rok rahi hai.

Khoya-khoya rehta hai har samay,
aur robots ke pinjre mein phans gaya hai.
Khoya-khoya rehta hai har samay,
aur robots ke pinjre mein phans gaya hai.

Maine socha
main kaise azaad karu usko?

Maine phir socha
main kaise azaad karu usko?

Phir mujhe yaad aaya
ye mere shabd hi hain
jo uske pinjre ki chaabi hain,

Jo use azaad kar sakta hain
aur use phir se likhne ki azaadi de sakta hain.

Chintan

Kabhi-kabhi insaan ko pinjre se bahar nikalne ke liye zor nahi, shabd chahiye hote hain. Sahi shabd hi azaadi ki chaabi hote hain. Kya aap bhi mere dost ki tarah apne aap ko pinjre mein kaid karke to nahi baithe hain?

14. Safar Maqsad Ki Talaash Ka

Safar ke dauran khayalon mein dooba hua tha aur soch raha tha ki likhne ka mera asli maqsad kya tha. Isi soch ke beech ek nayi talaash shuru ho gayi.

Dhoondh raha tha
maqsad mere likhne ka.

Pata nahi
ye shabd mujhe
kahan lekar ja rahe hain.

Pata nahi
ye shabd mujhe
kahan lekar ja rahe hain.

Main toh bas
in shabdon ke samandar mein
beh raha hoon.

Aur bhool chuka hu
mujhe jana hai kahan.

Shayad ye shabd mujhe
kisi ko pinjre se nikalne ke liye
le ja rahe hain.

Aur shayad mera maqsad
wahi milega.

Chintan

Kabhi-kabhi hum maqsad dhoondhte hain, lekin asal mein maqsad humein dhoondh raha hota hai. Shabd humein wahaan le jaate hain, jahaan hum kisi aur ke liye raasta ban sakein aur unhe azaad kar sakein. Kya aapne kabhi socha hai ki shayad aapke shabd bhi kisi ke liye azaadi ka raasta ban sakta hain?

15. Safar Nyaya Ka

Safar ke dauran samaj mein ho rahe anyaya aur logon ki pareshaaniyon ke baare mein baatein sun raha tha. Un baaton ne mere mann mein nyaya ko lekar ek naya sawaal ko janam dediya.

Ghor andhera chhaya hua tha,
aur anyaya ka mahaul ban gaya tha.

Log sache logon ko girane ki saazish kar rahe the,
aur unhe pareshan kar rahe the.

Aage jaana kathin lag raha tha.

Phir maine poocha,
"Kaise milega humein Nyaya?"
Phir maine poocha,
"Kaise milega humein Nyaya?"

Phir achanak se ek tasveer saamne aayi,
aur mere dil ko sukoon mila.
Phir achanak se ek tasveer saamne aayi,
aur mere dil ko sukoon mila.

Aur woh koi aur nahi,

Mere Ambedkar Ji the

Aur woh koi aur nahi,
Mere Ambedkar Ji the.

Chintan

Jab chaaron taraf anyaay aur andhera ho, tab Dr. Ambedkar ji ke vichaar aur unke sangharsh humein naye raste dikhati hain. Wahi hamari himmat hain aur wahi hamari roshni hain, jo humein nyaya ki disha mein aage badhne ki prerna dete hain. Par sawaal yeh hai ki, kya hum bhi unke dikhaye hue raste par chalne ke liye taiyaar hain?

16. Safar Swaraj Aur Ekta Ka

Safar ke dauran kuch logon ko Chhatrapati Shivaji Maharaj ke baare mein baat karte hue suna. Unki baaton ne mere mann mein Swaraj aur ekta ke maayne ko lekar ek nayi soch janam de di.

Ek Veer ka janma hua uss din,
Dharma ki sthapna ke liye.
Ek Veer ka janma hua uss din,
Dharma ki sthapna ke liye.

Raje kehte har dharma ke log unhe,
Raje kehte har dharma ke log unhe.

Lakshya tha Swaraj ki sthapna,
Aur sab dharma ke logon ko jodna.
Lakshya tha Swaraj ki sthapna,
Aur sab dharma ke logon ko jodna.

Aur ek aisa Mahan Bharat banana,
Jahan har dharma ke manushya
Ekta se rahe aur dharma ka palan kare.

"Jai Bhavani Devi,
Har Har Mahadev Ji."

Chintan

Veerta sirf talwar se nahi, soch aur ekta se bhi prakat hoti hai. Swaraj ka arth hai sab dharmon ko saath lekar chalna. Toh bataiye, kya hum bhi apni soch aur apne karmon se iss ekta aur Swaraj ko majboot bana rahe hain?

17. Safar Sawaalon Se Samarpan Tak

Safar ke dauran Somvar ki subah mandir ki ghanti ki awaaz sunai di. Us awaaz ke saath hi mere mann mein chal rahe kai sawaal dheere-dheere ubharne lage.

Jaata hoon har Somvar Shivji ke paas,
dher saare sawaal dimaag mein leke.
Jaata hoon har Somvar Shivji ke paas,
dher saare sawaal dimaag mein leke.

Jaakar wahan paani, agarbatti aur dhoop chadhaya,
aur bhakti mein leen ho gaya.
Jaakar wahan paani, agarbatti aur dhoop chadhaya,
aur bhakti mein leen ho gaya.

Phir jab sawaal poochhne gaya,
toh sawaal bhool gaya.

Phir maine socha, aisa kyun?
Phir maine socha, aisa kyun?

Phir bahut samay baad mujhe gyaan hua
ki yeh bhakti ka maarg hi hai,

Jo mere sawaalon ka uttar hai
aur meri samasyaon ka hal hai,
baki sab tho maya hai.

Har Har Mahadev Ji.

Chintan

Kabhi-kabhi bhakti mein itni shanti milti hai ki sawaal khud hi mit jaate hain. Kai baar har prashn ka uttar shabdon mein nahi, bhakti ke maarg mein milta hai. kya aapne kabhi bhakti mein apne sawaalon ko shaant hote hue mehsoos kiya hai?

18. Safar Roshni Ka

Safar ke dauran meri nazar sadak par jalti ek street light par padi. Us roshni ko dekhkar achanak mujhe zindagi ko lekar kai sawaal aane lage.

Chal rahe hain kahan, in street light ki roshni mein,
Chal rahe hain kahan, in street light ki roshni mein.

Kya yeh dikhayega raasta?
Kya yeh dikhayega raasta?

Door dekha toh yeh roshni band ho gayi,
Door dekha toh yeh roshni band ho gayi.

Main nirash hua idhar.

Par jab udhar jaakar dekha toh
Mujhe phir se roshni mil gayi.

Chintan

Door se zindagi mushkil lagti hai aur hum nirash ho jaate hain. Jo ruk jaata hai, woh is andhere ke jaal mein phans jaate hai. Aur jo chalta rehte hai,

Woh iss andhere ke jaal se mukta hokar ek nayi manzil ko haasil karte hai aur ek naya itihaas bana deta hai. Ab sawaal yeh hai ki jab zindagi ka raasta andhera lage, toh kya hume ruk jana chahiye, ya himmat karke aage badhte rahena chahiye?

19. Safar Adal-Badal Ka

Safar ke dauran khane ke liye main bus se neeche utara. Tabhi meri nazar aas-paas ke gharon par padi aur meri mann mein ek sawaal uthne laga.

Bus se baahar aakar maine dekha,
kahin gharon mein ujala aur kahin gharon mein andhera.
Bus se baahar aakar maine dekha,
kahin gharon mein ujala aur kahin gharon mein andhera.

Socha, aisa kyun?
Socha, aisa kyun?

Phir kuch samay baad phir se dekha toh,
ujala aur andhera adal-badal ho gaye the.
Phir kuch samay baad phir se dekha toh,
ujala aur andhera adal-badal ho gaye the.

Phir mujhe samaj aaya
"Sab ki baari aayegi"
"Sab ki baari aayegi".

Chintan

Aaj aapke jeevan mein andhera hai, lekin kuch samay baad aapke jeevan mein ujala bhi hoga. Yahi zindagi ka niyam hai. Ab faisla humein karna hai ki humein sabr rakhna hai ya roshni ki talaash chhod dena hai?

20. Safar Naye Logon Se Milne Ka

Safar ke dauran traffic dheere-dheere chal raha tha aur mera safar lamba lagne laga tha. Tab mere mann mein ek sawaal aaya ki har safar ka maqsad kya hota hai aur woh humein kya dekar jaata hai?

Yeh safar tha naya aur traffic thi wahi purani,
Yeh safar tha naya aur traffic thi wahi purani.

Kuch raaston ne sikhaya aur kuch logon ne.
Kuch raaston ne sikhaya aur kuch logon ne.

Kuch logon ne special feel karwaya aur kuch logon ne useless.

Mujhe laga yeh safar bahut thakaan aur pressure ka tha,
Mujhe laga yeh safar bahut thakaan aur pressure ka tha.

Phir woh naye logon se mulaakaat aur special feel karwane
walon ki baatein yaad aayi,

Aur Phir mujhe laga - yahi toh Safar ka asli maqsad tha.

Chintan

Safar mein naye aur special feel karwane wale logon ki bhoomika bahut badi hoti hai. Safar ka asli maqsad naye logon se judna, special feel karwane wale logon se baat karna aur unki kahaniyon ko mehsoos karna hota hai. Yahi hamare safar ka asli maqsad hota hai aur yahi logon ko safar humein dekar jaata hai. Yeh safar un naye aur special feel karwane wale logon ke naam.

21. Soch Zindagi Ki

Ye safar tha lamba aur ye shabd the mere hamsafar.

Socha, kaisa hota ye lamba safar agar shabd na hote hamsafar?
Socha, kaisa hota ye lamba safar agar shabd na hote hamsafar?

Phir yaad aaya, ye shabd toh ek madhyam hain; asli mein toh hamara hamsafar ye lamba safar hi hai.

Zindagi Ki Batein

Ye safar ek zariya hai, zindagi ko humse zindagi ke baare mein sikhane ka aur khud se milne ka. Ye street light ki roshni, adal-badal ki kahani, settlement ka sach, Maqsad Ki Talaash, Andar Ki Aag, Sawaalon Se Samarpan Tak, Khud Ko Chunne Ka, Pinjre Ki Chaabi Ka, Swaraj Aur Ekta Ka, Teen Lainon Se Itihaas Tak ka safar aur naye logon ki kahani - ye sab zindagi ke shabd hain, aur hum toh bas ek zariya hain aap tak ye pahunchane ka.

Ye safar ek zariya hai zindagi ko humse aapse milane ka aur zindagi ke baare mein aapko sikhane ka. Agar aap yahan tak aaye hain, toh shayad mere shabdon ki chaabi ne aapke mann ko pinjre se azaad kar diya hoga.

Ye safar aapki azaadi ke naam.
Dhanyavaad

www.ingramcontent.com/pod-product-compliance
Lightning Source LLC
Chambersburg PA
CBHW070649240926
51846CB00003BA/838
* 9 7 8 9 3 7 5 4 3 8 4 3 4 *